Une histoire et au dodo

DANS LA SAVANE

Éditions Lito

Le lionceau ne veut pas dormir

Le soleil se couche sur la savane. Maman éléphant dit bonne nuit à son petit. Les suricates sont rentrés dans leur terrier. Et les lions s'allongent près du grand arbre. Mais Léo le lionceau ne veut pas dormir. Il veut encore jouer. Il rugit de sa toute petite voix : « Groaaaarrrrr ».

Mais rien n'y fait, ses frères et sœurs lui tournent le dos et s'endorment. Alors Léo prend son élan et grimpe sur la plus haute branche de l'arbre pour rejoindre sa tante Laila. De là, il peut voir l'immense plaine dorée et l'herbe onduler sous le vent.

La nuit tombe, le ciel s'illumine d'un millier d'étoiles. Mais Léo ne voit pas ce superbe spectacle. Confortablement installé entre les pattes de Laila, il dort profondément.

Agathe la suricate est bien curieuse

Agathe est une petite suricate très curieuse.
Dès qu'elle sort de son terrier, elle monte sur le gros rocher pour rejoindre Samee, le guetteur. Pendant que le reste de sa grande famille cherche à manger, Samee surveille les alentours.

Agathe adore regarder loin et observer le monde extérieur. À chaque fois, elle a l'impression de voir quelque chose de nouveau. Aujourd'hui, c'est un zèbre qui fait la course avec une gazelle.
Comme Samee, elle regarde aussi bien le sol que le ciel. Mais soudain Samee se fige. C'est Max le rapace qui vient encore les embêter ! Vite, Agathe pousse le cri d'alerte. Alors toute la famille se précipite dans le terrier. Agathe est très fière d'avoir aidé Samee. Plus tard, elle sera guetteuse comme lui !

La grosse colère de Noa

Noa le zèbre aime courir vite, sentir les hautes herbes le chatouiller, le vent le décoiffer, et surtout arriver le premier. Quand il fait la course avec ses copains, c'est toujours lui qui gagne.

Mais soudain une ombre le frôle et le dépasse ! C'est Zoé, la gazelle, qui vient de le doubler. Noa est très fâché. Il est même très énervé. Il se roule par terre de colère et se met à crier puis à pleurer. Zoé est désolée de voir que Noa ne va pas bien. Elle s'approche de lui et lui dit d'une voix douce :

– Calme-toi Noa, ce n'est pas grave. Ce qui est amusant c'est de courir ensemble, pas d'arriver le premier !

Noa sèche ses larmes, se relève, et part à toute vitesse en riant : Tu m'rattraperas pas !

Mila n'aime pas être éclaboussée

Il fait très chaud. La famille éléphant s'approche du point d'eau. Plouf ! Mala plonge, bientôt suivie de Malou. Toutes les deux s'amusent à s'arroser.
Mais Mila reste cachée derrière les pattes de sa maman.
C'est la plus jeune et elle n'aime pas du tout être éclaboussée.

– Ce n'est rien Mila, la rassure sa maman. Regarde !
Fais comme moi, tu verras comme c'est agréable.
Alors elle aspire une grande quantité d'eau avec sa trompe puis la verse sur son dos.

– On dirait de la pluie. C'est rafraîchissant !

Mila essaye à son tour, mais au lieu de s'arroser, elle vise Mala et Malou.

– C'est vrai que c'est amusant, maman ! dit Mila en rigolant.

Et c'est partie pour une grande bataille d'eau !

Quelle rigolade !

La petite girafe a faim

Félicie commence à avoir faim. Elle mangerait bien les délicieuses feuilles d'acacia tout en haut de l'arbre là-bas. « Comme elles doivent être tendres et savoureuses » se réjouit déjà la petite girafe. Elle tend son cou mais l'arbre est beaucoup trop haut pour elle. Félicie atteint à peine les premières feuilles. Que faire ?

Elle cherche un arbre plus petit. Mais il y a très peu d'arbres dans la savane… Alors Félicie se met à pleurer. Soudain une toute petite voix l'appelle :

– Ne pleure pas Félicie, je peux t'aider si tu veux !

C'est une petite fourmi qui lui sourit. Et à la queu leu leu, la fourmi et ses amies vont chercher les plus hautes feuilles pour régaler Félicie. Bon appétit !

Marcel et Pickie

Marcel le petit hippopotame en a marre de se faire piquer par les mouches. D'habitude, il suffit qu'il plonge dans la boue pour s'en débarrasser. Mais aujourd'hui ça ne marche pas, elles n'arrêtent pas de l'embêter. Pickie, le pique-bœuf, mangerait bien les délicieuses mouches qui tournent autour de Marcel.

Alors le petit oiseau s'approche timidement et dit :
– Bonjour Marcel, je peux me poser sur ta tête pour manger quelques mouches ?
– Mais avec grand plaisir ! lui répond Marcel, ravi.
Et hop ! Pickie s'envole, atterrit sur la tête de Marcel et mange toutes les mouches. Pickie a bien mangé et Marcel n'est plus embêté. Depuis, ils ne se quittent plus et sont devenus de très bons amis.

Les larmes d'Odile

« Ouin ! Ouin !» La petite Odile pleure. Les animaux de la savane ne savent plus quoi faire pour la consoler. Noa est venu lui faire des grimaces, Mila lui a prêté son doudou, et Marcel et Pickie lui ont même chanté une jolie berceuse. Mais le bébé de Madame Crocodile ne veut ni rire, ni dormir.

Dimanche